DAVID R. HAWKINS

大衛‧霍金斯博士／著

U0027927

臣服筆記

guided journal

意識能量權威　霍金斯博士
55道引導成功幸福的書寫練習題

The Letting Go

suncolor
三采文化

前言

《臣服筆記》將使讀者對大衛・霍金斯博士的臣服技巧，以及這個技巧能為人生帶來的許多益處，擁有更深的理解與實作經驗。

本書宗旨是讓讀者認識實踐臣服技巧的價值，並透過引導和練習，親身體驗在放下人類長期共有的恐懼、障礙、壓抑和痛苦之後，得以感受到的自由。直接體會內在自由，重新找回自我肯定──這些只是你能從中獲得的幾個益處。

我建議讀者按照順序完成練習。霍金斯博士以特定順序撰寫《臣服之享》，幫助人們先放下低階的負面情緒和設定，也就是最有可能被壓抑和克制在潛意識的東西。只要允許低階情緒的能量被釋放和處理，你便能真正經歷高階的意識狀態。本書沒有加諸任何時間限制，無須著急，請給自己充分的時間，完成每一道練習。假如你需要更多書寫空間，也可運用書末的空白頁。

霍金斯博士的至理名言穿插在各個章節中，為不同練習所蘊含的價值以及可以從中實現的成果，增添更深層的意義。書中的引導與練習皆為互動式，請在日常生活中實踐臣服技巧，讓它徹底改善你的生活的每個層面，包括人際關係。讓你的人生成為你的導師。

從霍金斯博士的演講、著作，還有他對真理的投入，都能看見他對人類的愛。意識地圖與臣服之道是他的指導核心。終其一生，他都在服務人類，減輕人類的痛苦。他的輕鬆幽默令人感到安心、振奮，讓人們得以在鼓舞之下，繼續於內在的旅程中前進。

　　我們希望，當你走在這本筆記提供的道路上，也能感受到那份希望、安心和鼓勵。

自我的內在之旅令人振奮，你可以因此獲得更崇高、自由、啟蒙的人生。恭喜你！運用臣服之道提升自我人生的意念，一定可以讓你更接近真實的自己。

你準備好開始了嗎？

蘇珊・霍金斯
與維里塔斯出版社全體員工

臣服的機制淺顯易懂，
揭露的真理不言而喻。

「放下」這個實用技巧，也稱為「臣服機制」，可以幫助你消除我執與各種情緒障礙。這個方法的特色在於簡單、效率高、具臨床成效、沒有令人存疑的觀念，更能快速產出可覺察的成果。但小心別被它的淺顯易懂給誤導，而因此未看見臣服的真正益處──讓我們真正擺脫痛苦。

這本筆記將引領你變得更加清晰，超脫各種問題，但不是藉由替你找到答案，而是消除問題的根基。你會實現歷史上最偉大的智者所達到的狀態：問題的解方就在你心中，而且能輕易觸及。書中不包含任何教條或信仰體系，你將靠自己驗證所有道理，不受絲毫誤導。無須依賴任何教誨，你將遵循「認識自己」、「真理將使你自由」及「天國就在你心中」等格言。無論你心存懷疑、崇尚實用主義、篤信宗教或不信任何宗教，無論你年紀多大、文化背景為何，無論你是否具有靈性，這個方法一概適用。

這個機制是你自己創造的，所以沒有人能奪走。你不用擔心任何事會幻滅，你會自行判斷何者為真，什麼又只是心智既有的設定和信仰體系。最終，你將不再聽從小我，因為你已經發現大我（也可稱為高我）。當你找到大我，便會明白那些偉大的智者到底在傳達什麼。因為真理很明顯，就在你自己的內心。

作者在撰寫本書的過程中，時時將讀者放在心上。因此，它讀起來簡單、容易、令人愉悅。你不需要學習或記憶任何東西。使用它的同時，你會變得越來越輕盈、快樂。完成一個又一個練習後，書中文字將自然而然帶給你自由的體驗。你會感覺，內在那些使你無法得到快樂、愛與成功的障礙消失無蹤。你將越來越享受自己所做的事物。你將收穫人生的驚喜！一切都會越來越好！

臣服就像內在的某個壓力突然消失，或是某個重物落下。
突然產生的舒緩和輕鬆感伴隨而來，快樂與自由的感受則會增加。

試想，假如你在任何地方、遇到任何事情都能隨時做到這點，那有多棒！你會永遠感到自由快樂，再也不會被自己的情緒圍攻。這就是此技巧的重點：隨心所欲，有意識且頻繁地臣服。這樣一來，你便可以控制自己的感受，再也不會受這個世界和你對這個世界的反應擺布。你不再是受害者。

惦記著小事不放所必須付出的代價，可以透過肌肉測試獲得證實。這個方法很簡單，你現在就可以請朋友一起嘗試。首先，在腦中想著一個惡劣、狹隘的念頭，試著抗拒它，然後請朋友用力壓你的手臂。注意這會產生什麼效果。接著，選一個完全相反的觀點，想像自己非常大器、寬容、仁愛，正在體驗內在的偉大。你的肌肉力量馬上就會大幅增加，顯示有正向的生物能量湧現。最後，寫下你的體會。

_____

_____

_____

_____

_____

_____

_____

_____

＿＿＿＿＿＿＿＿＿＿＿＿＿＿＿＿＿＿＿＿＿＿＿＿＿＿

＿＿＿＿＿＿＿＿＿＿＿＿＿＿＿＿＿＿＿＿＿＿＿＿＿＿

＿＿＿＿＿＿＿＿＿＿＿＿＿＿＿＿＿＿＿＿＿＿＿＿＿＿

＿＿＿＿＿＿＿＿＿＿＿＿＿＿＿＿＿＿＿＿＿＿＿＿＿＿

＿＿＿＿＿＿＿＿＿＿＿＿＿＿＿＿＿＿＿＿＿＿＿＿＿＿

＿＿＿＿＿＿＿＿＿＿＿＿＿＿＿＿＿＿＿＿＿＿＿＿＿＿

＿＿＿＿＿＿＿＿＿＿＿＿＿＿＿＿＿＿＿＿＿＿＿＿＿＿

＿＿＿＿＿＿＿＿＿＿＿＿＿＿＿＿＿＿＿＿＿＿＿＿＿＿

＿＿＿＿＿＿＿＿＿＿＿＿＿＿＿＿＿＿＿＿＿＿＿＿＿＿

＿＿＿＿＿＿＿＿＿＿＿＿＿＿＿＿＿＿＿＿＿＿＿＿＿＿

＿＿＿＿＿＿＿＿＿＿＿＿＿＿＿＿＿＿＿＿＿＿＿＿＿＿

　　如果你想更深入了解，《心靈能量：藏在身體裡的大智慧》對肌肉測試與意識地圖有全面的說明。這本筆記的最後也附上意識地圖，有興趣可以參閱。你真正需要知道的，只有在慢慢完成本書的過程中，你將練習放下負面感受，停止抗拒正面情感。最後，你的內在會出現轉變。

臣服，是允許一個感受存在，再專心放下其背後的能量。
第一步便是允許自己擁有這種感受，不去抵抗、發洩、懼怕、譴責，或對它講什麼大道理。意思是，別做出評論，要明白這不過是一種感受。要達成這個狀態，訣竅是與你的感受同在，不要努力用任何方式改變它。放下想抗拒這個感受的念頭。你越抗拒，它就越是存在。當你放棄抵抗，不再試圖改變這種感受，它就會轉變成下一種感受，伴隨變得較輕盈的覺知。未受抵抗的感受會因為背後的能量漸漸驅散而消失。

不過，有時我們放下一種感受，接著會注意到它又回來或依然存在。那是因為，這個感受還有更多需要我們放下的。我們已經把這些感受往心裡塞了一輩子，因此可能有很多能量被壓著，需要讓它浮現、受到承認。臣服機制啟動時，你會立即產生一種比較輕盈、快樂的感受，甚至是一種飄飄然的感覺。

只要持續臣服，就有可能停留在這種自由狀態。感受會來來去去，而最終你將明白，你並不是你的感受。真正的「你」，只是這些感受的目擊者。你不再把自己跟你的感受畫上等號。那個在旁邊觀察、意識到發生什麼事情的「你」，一直沒有改變。

臣服產生的結果快速且微妙，令人難以置信，而成效則非常強大。我們往往臣服了，卻以為我們還沒臣服，結果是朋友讓我們意識到自己的轉變。出現這個現象，原因之一就是當一個東西被完全放下，它會從意識中徹底消失。因為我們從沒去想它，所以不知道它不見了。意識逐漸提升的人常常會這樣。

為了追蹤自己的進展，用一份進步表記錄會很有幫助。有時，有些人可能取得很大的進步，卻還說：「我覺得沒效。」有時，我們得提醒自己，我們在開始這個過程之前是什麼樣子。

所以，在開始之前，請寫下你現在的狀態。你認為你的人生中有哪些地方可能因為實踐臣服技巧而獲益？在接下來這幾頁，寫下越多細節越好。

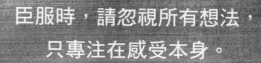

臣服時，請忽視所有想法，
只專注在感受本身。

臣服是一種天生的能力，
不是陌生的新事物，
也不是深奧的教誨、他人的概念，
或某個信仰體系。
我們只是運用內在的天賦，
讓自己變得更自由、更快樂。

當我們練習臣服時，「思考」這個技巧其實沒有幫助，直接做就對了。最後，我們會發現所有想法其實都是一種抵抗，是心智為了阻止我們經歷真實所創造的假象。練習臣服一段時間、開始體會到真正的情況之後，我們會覺得那些原本的想法很好笑。想法都是假的，是以假亂真、混淆真相的可笑東西。執著於那些念頭，會使我們的心思被無止境地占據。我們有一天會發現，自己其實只是回歸成為真正的自我。

念頭就像水族缸的金魚，真正的自我則是水，是存在於想法之間的空間。或者，說得更準確一點，是所有想法底下那片沉默的意識。我們一旦聯繫到內在的自我、內在的偉大、內在的完整、知足以及真正的快樂，我們便超越了這個世界。

我們都經歷過一件事：當我們全神貫注在自己做的事情上，幾乎不會注意到時間流逝。心智非常安靜，我們就只是在做當時正在做的事，不會感到抗拒或費力。我們感覺很快樂，說不定還哼著歌。我們做這件事沒有任何壓力。我們雖然忙碌，卻也非常放鬆。我們突然發覺，原來自己從來不需要有那些來來去去的想法和念頭。

回想你人生中出現這種感覺的時刻。你當時在做什麼？你在那種狀態下感覺如何？請把它們寫下來。

_____

_____

_____

_____

_____

找出你平時堅信的價值觀，並試著放下它們，對我們非常有益。常見的價值觀包括：一、我們只有辛苦、奮鬥、犧牲、努力過，才值得擁有某些東西；二、痛苦對我們是好的；三、我們不付出，就得不到任何東西；四、簡單的東西沒什麼價值。我們可能也會怕，如果放下對某個東西的欲望，就得不到它。這些都是阻礙臣服機制的心理屏障，現在就放下它們，讓我們體驗：臣服可以如此輕鬆美好！

請針對成功、金錢、關係或健康等層面，列出一些使你受到侷限的想法，用它們來練習放手與臣服。記錄你的洞察，練習——放下它們。

放下負面感受可以消除小我，但小我隨時都會反抗。這可能會導致你對這個技巧感到懷疑，「忘記」要臣服，突然湧現逃避心態，或透過失控的行為來發洩情緒。對此，解決方法是持續放下你對這整個過程的感受。允許小我的抗拒存在，不要抗拒「抗拒的感受」。

　　你很自由，你不必非得臣服不可，沒有人強迫你。試著去看見抗拒心理背後的恐懼：你在害怕什麼？你願意放下你害怕的事物嗎？

宇宙萬物都體現了它的同等物和相反物，這是宇宙的本質。因此，有恐懼，但也有勇氣；有憎恨，但也有跟它相反的愛；有膽怯，但也有果敢。想要脫離負面，就得願意承認、放下負面感受，同時也要願意放下對其相反的正面感受的抗拒。

　　舉個例子，有個朋友的生日要到了，但是因為過去發生的事，我們不太願意為他做任何事來慶祝。我們出現怨懟和吝嗇的感覺，根本不可能出門買禮物。

　　由於怨懟和吝嗇的相反是寬恕和慷慨，我們可以在內心想像慷慨這個特質，不再抗拒它。接著，我們明白自己其實在某些情況下很享受給予。我們想起，當我們表達感激之情，體念他人贈送的禮物時，我們會湧現正面的感受。我們明白，原來自己一直在壓抑寬恕的渴望。因此，當我們放下抗拒寬恕的感受，就會願意放下怨念。這麼一來，我們不再把自己跟小我畫上等號，而是有意識地覺察大我。

　　這個方法適用於所有負面情況。我們可以改變自己對當下情況的認知。我們能夠賦予這個情況新的意義。這個方法把我們從無助的受害者，提升成有意識的選擇者。以上面的例子來說，這不表示我們必須趕快去買一份生日禮物，而是代表我們現在知道，當下的處境是我們自己選擇的。我們擁有全然的自由，擁有更大的行動和選擇空間。這是比困在過去的那個無助受害者還要高階許多的意識狀態。

　　想想你目前遇到的，讓你有負面感受的情況。那些感受是什麼？與之相反的是哪些正面感受？現在，到內心尋找那些正面的感受，不再抗拒它。放下對正面感受的抗拒後，你有什麼體驗？你注意到什麼？請寫下你的發現。

心智在處理情緒時，經常有意識地使用壓抑（克制）機制、表達機制和逃避機制。這些機制只有在無意識的情況下使用才是有害的。使用這些機制的目的，是要降低情緒本身的龐大程度，這樣才能小塊小塊地加以拆解、放下。因此，當你難以招架情緒時，「有意識地」在當下推開我們不能負荷的情緒，這麼做並沒有問題。

　　跟良師益友分享感受，可以降低情緒的強度。單純地表達感受，就能減少背後的能量。在這種情況下，有意識地運用逃避機制也沒關係。比方說，出門參加社交活動，跟令你惱怒的事物拉開距離，或是跟狗玩、看電視、看電影、聽音樂、做愛，或任何你在這種情況下習慣做的事。大笑也很有幫助，能夠讓你放下累積的情緒壓力，消除負面思想。

　　降低了感受的分量與強度後，最好開始放下這個情況的各個微小層面，不要一次處理整個情況，以及其伴隨的情緒。

　　為了方便說明，我來舉個例子。有一個人在某間公司待了很多年之後，失去了這份工作，徹底被絕望吞沒。在運用前面提到的三個機制後，他減輕了情緒，可以開始處理跟這份工作有關的微小層面。例如，他能否放下想要到常跟同事一起去的那間餐廳吃午餐的感受？他能否放下想要把車子停在習慣停的地方的感受？他能否放下對辦公桌的依戀？他能否放下對同事以長年夥伴的依戀？他能否放下每天看見同一位上司的感受？

　　試著去放下跟失去一份工作有關的微小層面（儘管它們似乎微不足道），目的是讓心智進入臣服模式。負面感受已經獲得承認和解決，因此將失去力道，逐漸散去。突然間，我們發覺自己有勇氣面對這個情況、辨識自己的感受，並針對這些感受做些什麼。小事放下後，大事也會神奇地變得沒那麼可怕。

　　現在就試試看。想想你的人生中有什麼你一直難以放下的大事，例如工作、感情等。你要如何像上述的例子那樣，將臣服技巧應用在這件事的微小層面？請探索看看。

放下負面感受之後，
你會越來越有意識。

_____

_____

_____

_____

_____

_____

_____

_____

_____

_____

_____

_____

_____

意識的其中一個定律：
只有當我們有意識地說
「某個負面想法適用於我們」，
我們才會受它所制。
我們可以自由選擇
不去相信負面的信念。

負面思想之所以會影響我們的生活，一定是因為我們先認同了這件事，又賦予它信念的能量。假如我們有能力讓負面思想顯化在生活中，我們的心智顯然也有能力加以逆轉。

前面提到的意識定律，是如何在日常生活中運作的？舉一個常見的例子：媒體報導目前的失業率創下新高，電視播報員堅稱現在很難找到任何工作。此時，我們可以拒絕相信這種負面思考形式。我們可以說：「失業不適用在我身上。」拒絕接受負面的信念，負面信念就無法掌控我們的人生。

你怎麼想？你是否曾經發現過，某些「大環境的現實」，其實並不適用在你身上？即便你沒有類似的體驗，你是否可以想像，拒絕相信某個負面的信念，或許能夠大大幫助你向前進？請寫下你對這件事的看法。

我們可以把意識階層簡化成三種狀態：呆滯無力、積極有力、平靜喜悅。第一個狀態「呆滯」反映了冷漠、悲傷與恐懼。這些情緒會破壞我們對現況的專注力，致使我們被自己的思緒擾亂。而這些思緒大部分都跟「我不知道」、「我不確定」或「我認為我沒辦法」有關。

我們先從冷漠開始談。這種情緒會讓我們感覺對自己的處境無可奈何，沒有人可以幫得上忙。冷漠其實就是絕望與無助，它們跟以下念頭有關：「誰會在乎？」、「有什麼用？」、「這好無聊」、「何必呢？」、「反正我贏不了」。

你的人生，此時此刻是否有什麼處境令你感到絕望無助？請概述這個處境，並寫下你對這件事所有的想法和感受。

_____

_____

_____

_____

_____

_____

_____

_____

_____

接著，請列出所有以「我不能」開頭的句子，然後把「我不能」全部改成「我不要」。留心去感受，你的能量是否有所改變。

_____

_____

_____

_____

_____

_____

_____

_____

_____

_____

_____

_____

_____

事實上，我們每一個人都很有能力。大部分的「我不能」，其實是「我不要」。在每一個「我不能」或「我不要」背後，通常都藏著恐懼。假如你發現自己處在冷漠的狀態中，你可以問問自己到底想要證明什麼，藉此找出背後的設定。例如，你是想要證明人生很爛嗎？還是這是個沒有救的世界？還是這不是你的錯？還是真正的愛根本不存在？還是人是不可能幸福的？你到底想要合理化什麼？你願意付出多少代價，證明自己是「對的」？

　　當你開始承認並放下這些問題帶來的感受，答案便會浮現。請寫下你練習承認並放下時，心中浮現的一切。

_____

_____

_____

_____

_____

_____

_____

_____

_____

_____

_____

嘗試脫離憂鬱和冷漠狀態時，最大的阻礙之一便是指責心態。我們必須徹底認知一件事：怨天尤人是我們自己的選擇。無論你遇到的情況讓指責看起來有多合理，事實都是如此。

　　想想你曾經遇過什麼情況，讓你覺得把自己發生的事、自己感受到的不快樂怪到另一個人頭上是合理的。接著，完成以下這些句子，列出在這個情況下責怪他人、不選擇原諒，能夠帶給你什麼好處。

　　當我責怪這個人，我變得……

_____

_____

_____

_____

_____

_____

_____

_____

_____

_____

假如我選擇原諒，我現在覺得……

所有的悲傷和哀痛，都有一個心理學基礎，也就是執著。
人會產生依戀和依賴，是因為我們覺得自己不完整，才會去尋找人、物、關係、地方和概念來滿足內在需求。由於我們在無意識的情況下，用他們來滿足內在需求，他們就漸漸地被視為「我的」。因此，失去這個東西或這個人，就好像失去了我們自己以及我們情感經濟中很重要的一部分。

要克服失去的恐懼，我們必須看看這個人或這個東西在我們的生活中實現了什麼目的。什麼樣的情感需求被滿足了？如果失去這個事物，我們會產生什麼情緒？失去是可以事先預期的，只要分解這個事物代表的情結，放下個別的組成感受，我們便能克服跟失去有關的各種恐懼。

比方說，你有一隻疼愛多年的狗狗，來福。牠顯然越來越老了，你發現自己不喜歡去想牠有多年邁。牠可能會死，這一點讓你很不舒服，所以你把這件事拋諸腦後。當你驚覺自己有這個行為，你意識到，這些感受其實是一種警訊，讓你知道自己沒有在好好面對自己的情感與恐懼。於是，你問自己：「來福在我的生活中實現了什麼目的？牠提供的情感服務對我而言算什麼？」檢視這些問題之後，部分的恐懼便能夠被承認和放下。一旦放下這個恐懼，你就不必否定一切，假裝來福永遠不會死。

從以上過程的本質，我們可以看出，只要趁相關感受仍屬輕微、可以處理，而不會帶來過多痛苦的時候，提早承認和放下這些感受，便能預防劇烈的哀痛，以及可能隨之而來的創傷反應。

試試這個練習。假想你將失去自己很害怕失去的某個人事物，並把你的感受記錄在這裡。

大部分的人都扛著巨大的悲傷，並壓抑著它過活，這是因為我們抗拒接受那個狀態，不讓悲傷自行消耗殆盡。若能有勇氣面對內心的感受並放下它，我們便可以前進到接受、最終抵達平靜喜悅的意識階層。

如果我們不抗拒悲傷的感覺，完全臣服於它，它會在十到二十分鐘後消失，消失多久不一定。假如我們在每次悲傷出現時都選擇臣服，它最終會消耗殆盡。我們必須允許自己充分經歷悲傷；如果我們反抗它，它就會一直存在。當我們放下壓抑多年的大量悲傷之後，親朋好友會發現我們的表情變了，步伐變得輕盈，整個人看起來也變年輕了。

你能不能回想，人生中有什麼事情此刻仍使你感到悲傷？像是失去一段關係、一份工作、某個至親或寵物。寫下來，讓自己充分感受悲傷十到二十分鐘。記錄你的體驗。

_____

_____

_____

_____

_____

_____

_____

_____

接著，在接下來這幾頁寫下你害怕失去的人事物。問問自己，他們滿足了你的哪些內在需求。回答以下問題：

- 失去他們我會有什麼感受？
- 我要如何平衡內在的情感生活，以減少對外在人事物的依戀範圍、程度和次數？
- 我的內在為什麼如此空虛，需要透過依戀和依賴他人來尋求解方？
- 我想從哪裡得到愛？為何只想得到，而不是給予愛？

_____

_____

_____

_____

_____

_____

_____

_____

_____

_____

我們付出的愛越多，
就越不會被悲傷和失去擊垮，
也越不需要尋求依戀。

心智惦記的東西，
很容易顯化出來。

我們每個人都熟悉恐懼的諸多面向。我們都曾有過難以掌握的焦慮和恐慌。我們都曾被恐懼及其伴隨而來的心悸和恐慌給癱瘓、凍結。擔憂，就是一種慢性恐懼。

我們持續惦記在心裡、賦予能量的念頭，很容易會出現在生活，以我們惦記著的形式顯化出來。因此，恐懼會產生可怕的念頭，而我們越是在心裡惦記這些念頭，我們害怕的事情就越有可能發生，而這又會強化我們的恐懼，讓我們產生更多可怕的念頭。

在意識的世界裡，同類會相吸，因此恐懼會吸引恐懼，就好比愛一定會吸引愛。我們惦記的恐懼越多，便會吸引越多可怕的事情進入生命。每一種恐懼都需要額外的能量來創造相應的保護機制，因此，我們的能量最後將被榨乾，全部用來維護我們高度耗能的心理防禦機制。如果我們願意檢視、處理恐懼，直到消除所有的恐懼，生命的景況就會立刻好起來。

想想有什麼使你癱瘓的恐懼或束縛。例如：我極為害怕進行公開演說。接著，寫下跟這個恐懼相關，讓你綁手綁腳的想法，與此同時去察覺：你的身體發生什麼事？你的內心產生什麼情緒？接著進一步，描述過去這個恐懼曾使你身心癱瘓的某個情境。假如沒有這個恐懼，你的人生是否會更自由或更令人滿足？

_____

_____

_____

_____

_____

_____

_____

_____

_____

_____

_____

_____

_____

接著，開始針對這個恐懼運用臣服技巧。首先，你可以放下一兩個讓你綁手綁腳的想法與信念。例如：我無法在眾人面前演說，因為我的聲音聽起來很好笑（我要放下這個想法）。請留意是否有任何改變，並把結果記錄在下方。

愧疚是一種恐懼的類型。愧疚永遠都跟犯錯和可能受到懲罰（無論是真實或想像）的感覺有關。懲罰若沒有發生在外在世界，便會在情感層次，以自我懲罰的形式表現。愧疚會伴隨所有的負面情緒，因此有恐懼感，就有愧疚感。

在我們的社會中，僵化的心理藩籬實在觸及太廣。對大部分的人來說，就連放鬆和度假都是個問題，因為愧疚感說我們「應該」做別的事。當我們無法立即達成放鬆，便會有失望；我們會焦躁不安，無止境地追求「好玩」的事情，以避開面對內在自我的痛苦。平時忙碌的主管在放假時，都會暗自期待重返工作崗位。他們表面上可能會抱怨工作繁重，但是當他們著手熟悉的例行事項時，他們會在內心暗自鬆一口氣。

我們都知道，要讓一個充滿愧疚的人譴責自己，或是讓一個不安的人對某種疾病感到恐慌，是很簡單的。例如，「流行性感冒」的概念便是一個好例子。一個長期懷抱恐懼與愧疚感的人，能夠很輕易認同「每個人都該得一次流感」的說法。由於愧疚，一個人會無意識地覺得自己「應該要」感冒。於是，受到心智的信念所控制的身體，便會顯化出感冒的症狀。一個人假如放下了愧疚和恐懼的潛在負面能量，就會毫無畏懼且拒絕相信：現在感冒傳來傳去，我大概會跟其他人一樣得到。

要改變身體，就要改變想法和感受。我們一定要放下負面的思想和信念，並為持續提供它們能量的負面情緒進行減壓。我們必須清除來自外在世界以及我們自身信念的負面設定。

當你產生愧疚感時，回答以下問題，了解你的心智正在如何懲罰你：

- 我的想法和感受告訴我什麼？
- 我的身體有什麼感覺？
- 我能否看出愧疚是有害的，而不是別人所說的那樣有益？

_____

_____

_____

_____

_____

_____

_____

_____

_____

_____

_____

我們害怕，發掘內在的旅程會揭露某個可怕糟糕的真相。

這是我們身處的世界所形塑出的可怕設定，目的是防止我們找出真相。有一件事情，這個世界不希望我們發現，那就是關於我們自己的真相。為什麼？因為這樣一來，我們就會自由。

從古至今，每一個偉大的智者都說要向內尋找真相，因為有關自我的真相會使我們自由。假如我們在內心找到的東西會使我們感到愧疚，是腐爛、邪惡、負面的東西，那麼全世界的偉大智者就不會建議我們向內探尋，而是會叫我們不惜一切代價避開它。

每個人都可以從充滿恐懼的束縛之中解放自己、達到成功的運作，進而獲得莫大的益處。這種學習過程會自然而然影響到生活的其他領域。我們會變得更有能力，更自由、快樂，也能獲得心靈的平靜。

然而，我們的潛意識總會認為，恐懼使我們得以生存，因為恐懼跟我們的生存機制有關。我們深信，如果放下恐懼這個防衛機制，我們會變得很脆弱。事實上，真實情況恰恰相反。恐懼使我們看不見生命中真正的危機。恐懼本身才是人體面臨的最大威脅。恐懼和愧疚會帶來各種疾病，為生活的每一個層面都帶來失敗。

假如在檢視自我之後，我們發現，原來自己一直讓感受真我的體驗受恐懼阻礙，那麼我們就能運用臣服機制來重新發掘內在的愛，進而放下負面能量的干擾。重新發掘這份內在的愛，我們便能重新發掘快樂的真實來源。

我們可以出於愛，採取相同的行動去保護我們重視的事物，而非出於恐懼。難道我們不能因為欣賞、重視自己的身體，而願意照顧自己，非得是出於對疾病和死亡的恐懼不可嗎？難道我們不能出於愛，而願意服務生命中的那些人，非得是因為害怕失去不可嗎？難道我們不能因為關懷同樣身為人類的陌生人，而願意對他們恭謙有禮，必須是因為害怕他們對我們有不好的看法嗎？難道我們不能因為在乎自己的表現，在乎同事或接受我們服務的客

人，而願意把工作做好，一定得基於害怕失去工作的恐懼和想當人上人的野心嗎？難道我們不能透過互助合作而成就更多，非得透過恐懼造成的競爭心理來求生存不可嗎？

試試這個練習，用正向的方式重新解釋你對任何恐懼的脈絡。

愛會治癒恐懼。

因為完全地臣服，
不可能的事物變成可能，
且能快速又順利地顯化出來。

意識階層的第二個狀態是「積極有力」。它跟欲望、憤怒和驕傲的情緒有關，主要的動力因子是個人收穫。欲望本身可能是指輕度的「想要」，也可能是指對某個人事物有強烈的「渴望」。這個情緒蘊含的特質是驅動。我們是否自由，在於我們是有意識地選擇滿足某種欲望，或者只是受潛意識的設定和信念所盲目操控。

某個東西會進入我們的生命，是因為我們選擇了它。這是我們意念的結果，是我們做出的決定。它會進入我們的生命，與欲望無關。渴望這個事物，反而讓我們無法有所成就或取得理想。這是因為，欲望意味著「我沒有」。換句話說，如果我們渴望一樣東西，就是在說這樣東西不是我們的。當我們這麼說，我們便讓自己跟想要的東西之間產生心理距離。這個距離變成消耗能量的阻礙。

一旦我們完全臣服，不可能的事物馬上會變成可能。因為「想要」會妨礙我們「得到」，帶來「得不到」的恐懼。本質上，欲望的能量正在否認一個重要的事實：我們想要的其實可以是我們的。

這跟我們習慣的不同。我們習慣把野心和成就，跟以下這些美德聯想在一起：犧牲自我、勤奮工作、省吃儉用、埋頭苦幹、辛勞付出。這聽起來好難，對不對？對，沒錯。我們如此掙扎，都是我們自己為欲望而放置的阻礙所致。

當我們承認和放下欲望，處於高階的意識狀態中，便會進入一個更自由的狀態。我們的選擇，會輕而易舉地在生活中實現。 我們放下欲望這個情緒，然後單純地選擇一個目標，心中充滿愛地去想像它，接著允許它發生。因為我們知道，它已經是我們的了。

在低階的意識狀態中，你會認為宇宙是負面的，總是拒絕你，令你挫敗、逼著你做你不愛的事情，就像是吝嗇糟糕的父母。在高階的意識狀態中，我們對宇宙的體會改變了。它現在變成樂於施予、慈愛，且無條件認同你的父母，希望我們擁有自己想要的一切。只要我們要求，就能得到。我們賦予了宇宙不同的意義，也正在為自己創造全新的故事。

放下欲望時，我們會開始明白，我們選擇的東西會神奇地出現在生命中。我們心中惦記的人事物，都會以正面方式顯化出來。我們需要有什麼、做什麼，都將自動顯現。

在這裡寫下你的個人目標，以及其中的所有細節，即使這些目標似乎遙不可及。

_____

_____

_____

_____

_____

_____

_____

無論何時，每當欲望出現在意識中，我們要放下對這些目標的欲望，反過來選擇一個目標，心中充滿愛地去想像它，接著允許它發生。因為你知道，它已經是你的了。

在低階的意識狀態中，重要的是我們有什麼。我們只珍惜自己有的東西，它們給予我們有價值的自我形象，以及在這個世界上的地位。

然而，一旦我們證實自己能夠擁有，基本需求能被滿足，我們有能力應付自己及依賴者的需求，心智就會開始對我們做的事情比較感興趣。於是，我們在這個世界上做的任何事，就成為我們的價值與他人評價我們的基礎。當我們越來越愛人，我們的作為會越來越無關乎自我，而是服務他人。當我們的意識逐漸成長，我們便會明白，以他人為導向的服務會自動滿足我們自己的需求（這不是犧牲的意思；服務跟犧牲不同）。最後，我們會相信，我們的需求將被宇宙自動滿足。我們的行為幾乎自動變得充滿著愛。

此時，我們在這個世界上做了什麼將不再重要。我們是誰才重要。我們已經證實，自己能夠擁有需要的一切，也幾乎什麼都做得到，只要我們願意。此時，我們內在與他人眼中的自己是誰，才是最重要的。其他人現在會想要跟我們在一起，不是因為我們有什麼，不是因為我們做了什麼，也不是因為社會給我們的標籤，而是因為我們成為了什麼。因為有我們在的感受很好，他們純粹想要待在我們身邊、感受我們的存在。

要變成人人都想認識的、那種令人打從內心喜悅的人，方法很簡單。只要想像自己想成為什麼樣的人，然後臣服於一切，尤其是：使我們無法成為這種人的所有負面感受和阻礙。接下來，我們需要有什麼、需要做什麼，都將自動顯現。這是因為，跟「有」和「做」相比，「你是誰」這個階層擁有最大的力量和能量。把這放在第一順位，它就能自動統合、整理一個人所有的活動。

花點時間想像你想成為什麼樣的人，接著專心臣服於使你無法成為這種人的所有負面感受和阻礙。完成後，在接下來這幾頁寫下這個練習帶給你的體悟。

世界上最成功的人，
會在心中惦記著對所有人最好的東西。
當然，所有人也包括他們自己。

我們的內心都存在一個
超出我們意識範圍的真理：
「所有我需要知道的一切，
我早已明白。」

有一件很矛盾的事：我們會抗拒臣服的其中一個原因，是因為這個機制很有效率。當人生不太順遂、我們受不愉快的情緒所包圍時，我們會不斷嘗試放下。但是當我們終於靠臣服擺脫困境、一切順遂之後，我們通常就會停止放下。這樣是不對的。儘管我們感覺很棒，美好的感受其實還有更多。要善加運用高階意識和放下的習慣，持續執行，這樣事情才會越變越好，一直好下去。

臣服久了會產生習慣，所以一旦開始，便很容易保持下去。我們的感受越高階，越容易放下。那是一個很好的時機，可以讓我們往深處探尋，練習放下我們在頹喪時不想處理的某些東西。我們永遠都有需要放下和臣服的情緒。即使是我們人生順風順水時，那些情緒也只是變得比較輕微，沒有完全消失。

有時，你會卡在某個特定的感受之中，這時你只要向卡住的感覺臣服即可。允許它存在，不要抗拒它。假如這種感覺沒有消失，可以試著拆解這個感受，一小塊一小塊放下。接著，假如卡住的感覺又浮現了，記得回到這一頁，提醒自己該怎麼做。

我們都是很強大的個體，只是沒有意識到自己的強大。我們否定自己的強大，並基於愧疚和我們自身的渺小感，把強大投射在他人身上。為了說明這一點，以下舉一個否認內在力量的有趣例子。有一個男人迫切地想要找到工作，對此相當心煩意亂，於是有人教他把臣服技巧應用在這件事情上。由於他篤信宗教，對方便建議他別再想找工作的事，把一切交給上帝，放下他對工作的欲望，同時對可能發生的事保持開放態度。一星期後，他說：「我放下想要工作的感受後過了一天，什麼事也沒發生。後來我接到我姊夫的電話，現在我要加入他的公司了。要不是他，我永遠找不到工作。幸好我沒有等上帝！」

這個例子說明了心智傾向怎麼做。他的姊夫會打電話來，當然是因為他臣服的緣故。他原本太心急、渴望得到工作，結果這份渴望阻礙了目標。當他放下想要工作的欲望，他的目標很快就在二十四小時之內達成。可是，心智卻習慣不去承認自己的力量，而是把它投射到外在世界的其他地方。這便是為什麼人們總是認為自己無能為力。他們明明很強大，只是習慣把強大投射給外界。

我們這輩子發生的一切，絕大部分都是我們過去在某個時刻做出某個決定所造成的結果，無論是有意或無意。因此，只要檢視我們目前的狀態，我們就能輕易看出自己過去做了哪些決定。

現在，花點時間寫下某次在你臣服後，希望的結果隨之產生的經歷。

_____

_____

_____

_____

_____

人們常常會克制自己的憤怒、敵意和攻擊性，因為他們認為憤怒是令人不快、有失體面的情緒，甚至是道德與靈性修養不足的結果。 這些人沒有發現，受到壓抑的憤怒依然是憤怒的能量，如果沒有加以承認與克服，將會對他們的健康和整體進步帶來不好的結果。

　　有益的應對方式，是正面看待憤怒的能量。透過有用的方式，利用它來激發你的積極性和行動力。想想過去或現在有哪一段關係或哪一個情況，令現在的你感到憤怒不滿。寫下你能用什麼正面的方式，把這股憤怒的能量聚焦在別的地方，以達成某個目標或計畫。例如：憤怒的能量鞭策我刷洗廚房地板，這是我已經拖延很久的事。

_____

_____

_____

_____

_____

_____

_____

_____

_____

_____

心智希望我們認為有「正當的憤怒」存在。這會以義憤填膺的形式呈現，但其實是靠虛榮和驕傲支撐。我們喜歡想像自己在某個情況是「對的」，其他人則是「錯的」。長期的憤怒、不滿，會讓我們付出生病和早逝的代價。知道自己是「對的」所能產生的小小滿足感，值得你付出這樣的代價嗎？

　　寫下某個讓你感覺自己生氣生得「有理」的情形，完成以下敘述：在這個情況中，我是「對的」，別人是「錯的」，因為……。接著，寫下你從中得到的滿足感及其蘊含的情感代價。

_____

_____

_____

_____

_____

_____

_____

_____

_____

_____

_____

如同我們討論過的所有負面情緒，驕傲這個感受也是不存在愛的。「我知道答案」這種驕傲的感受，會阻礙我們成長和進步。謙虛之人不可能受到羞辱，因為他們已經放下驕傲，不再擁有脆弱的心，取而代之的是內在安全感、尊嚴、勇氣、寧靜和喜悅。

通常會讓人們感到驕傲的事物有：生活型態、職業、鄰里社區、衣著、汽車、血統家世、國家、政治理念和宗教信仰。列出所有令你驕傲的事物，看看你是否可以透過以下問題，把它們一一放下：

- 我對這件事感到驕傲的目的是什麼？
- 我的驕傲可以為我帶來什麼好處？
- 我為什麼想要得到這個好處？
- 我希望從他人身上得到什麼反應？
- 我對這件事的驕傲，彌補了什麼？
- 為了放下驕傲，同時不感覺失落，我該認識真正的自己。他／她是怎樣的存在？

_____

_____

_____

_____

_____

_____

_____

驕傲有時會被當作實現成就的動力，那麼比它高階的替代物是什麼呢？其中一個答案是喜悅。把喜悅視為有所成就的獎勵，而非驕傲，有什麼不對？驕傲帶來獲得他人認可的渴望，因此，假如他人沒有在某個時間點給予認可，我們就有可能感到憤怒、失望。但，如果我們是因為喜愛這件事本身所以去做，並因完成這件事將感到衷心喜悅，所以才去達成某個目標，我們就不用擔心他人的反應。

感恩也是驕傲的另一個解藥。假如我們剛好天生擁有高智商，我們可以心存感激，而非感到驕傲。這並不是我們的成就；我們只是天生如此。如果我們可以感恩自己得到的東西，如果我們可以感恩某件事透過我們的天分和努力得以實現，我們便能擁有平靜的心智狀態，不怕感到痛苦。

當我們放下驕傲，各式各樣的幫助自然會來到生命中，解決我們遭遇到的問題。我們可以做一個實驗，驗證這個原則的真實性：挑選一個我們難以克服的領域，徹底放下我們所有的驕傲。完成這件事之後，會開始發生一些令人驚奇的事，因為放下驕傲，可以讓我們接收對自己最有益的東西。你願意放下驕傲，放下認為自己優於他人的感受嗎？我們必須明白，沒有驕傲，就不會有來自他人的攻擊。當你願意放下驕傲帶來的虛假安全感，你就能體會真實的安全感，而真實的安全感將伴隨勇氣、自我接受和喜悅而來。

在政治和宗教等領域，臣服是具極重要價值的心法，但政治和宗教從古至今都很容易引起爭端，在上流階級中總是被巧妙地避而不談。我們會發現，當我們單純愛著我們的宗教，不管是什麼宗教，都沒人會攻擊我們。但是，假如我們很驕傲，我們在談話時就得避開宗教這個話題，否則憤怒很快會因我們的驕傲而浮現。當我們真的重視一樣東西，我們會讓它遠離人們的爭論，不減損其高貴。

我們真心珍惜、尊崇的事物，會受到我們的敬意保護。如果我們告訴別人，我們做某件事是因為自己從中得到快樂，他們其實沒辦法說什麼，對吧？可是，如果我們暗示，我們做那件事是因為這麼做是「對的」，我們馬上就會發現對方的怒氣，因為他對於什麼是「對的」也有自己的看法。

價值觀其實只是個人的偏好。我們堅守這些價值觀，是因為我們愛它們，因為我們從中得到享受和愉悅。如果我們單純以這樣的角度堅守價值觀，便能夠平靜地享受它們。

世間的種種看法只是看法，它們其實毫無價值。我們若把所有的思想和信念——這些都是看法——用全新的角度來詮釋，我們就不會那麼脆弱。我們可以把這些看成我們喜歡或不喜歡的想法。我們可以看出，是我們的情感賦予這些想法價值。如果我們不對自己的看法採取驕傲的立場，我們便能自由改變它。

現在，花點時間寫下你最珍視的看法，像是跟宗教、政治、飲食法、教養觀等有關的看法。接著，看看能否逐一將驕傲的感受，調整成單純因為這些看法很美、能為你帶來啟發，或能夠服務你而愛它們的那顆心。如此一來，你就不再需要時刻都堅信自己是「對的」，不再需要驕傲。

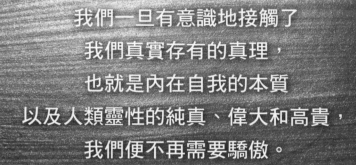

我們一旦有意識地接觸了
我們真實存有的真理，
也就是內在自我的本質
以及人類靈性的純真、偉大和高貴，
我們便不再需要驕傲。

勇氣的標誌，
是知道並感覺到「我能」。
這是一個正面的狀態，
會使我們感到肯定、
嫻熟、滿足、有能力、充滿活力，
願意去愛和付出，
並對人生擁有熱忱。

意識的第三個階層，同時也是最高狀態的是「平靜喜悅」，以勇氣、接納和愛的感受為基礎。

在勇氣這個階層，我們會開始真正變得有意識。我們發覺，自己其實有選擇的自由和能力。我們不再需要成為受害者，有可能得到心理、情感和靈性層次的自由。我們明白，自己沒有必要忍受負面情緒帶來的痛苦與折磨，或讓負面情緒干擾生命帶給我們的滿足。

不過，當我們感覺舒適自在，便可能會想停止運用臣服技巧，只在緊急情況或者負面情緒再次變得令人痛苦、需要被處理解決時，才重拾臣服技巧。然而，我們可以透過臣服得到的遠大於此。我們永遠都有可以臣服的感受，使臣服的過程持續不斷，將會帶來越來越大的助益。

持續臣服會帶來穩定而細微的改變，特別是能提升我們愛的能力。愛的傳播，就好比陽光的熱能，當它揮走了烏雲一般的負面能量的干擾，我們接收及傳達愛的能力，便會逐漸提升。愛使我們和周遭的人有能力做到原本做不到的事。

我們必須來到勇氣這個階層，檢視自己最糟的情緒，承認這些都是身為人類必會存在的狀況，並記住一件事：我們只需要對自己處理這些情緒的方式負責。 負面情緒顯然會對內在的自我帶來很大的情感傷害，光是基於這一點，我們就有足夠的理由去檢視並放下它們。

一個常見的例子是，某個人默默地在生我們的氣。儘管什麼也沒表明，我們卻可以感覺到有哪裡不對勁。即使對方明確表示什麼事也沒有，我們還是感覺到憤怒和惱火的能量。

想想上述的例子，接著寫下你的自身經驗——你感覺到某個人沉默的能量，但是對方什麼也沒說出口。回憶你在這種情況下感覺到的情緒和想法：

- 我是否感覺困惑無助？
- 我是否感覺愧疚，彷彿自己做錯了什麼？
- 我是否感覺憤怒？
- 我想或不想做些什麼？
- 我想「息事寧人」，讓事情變好，還是想掉頭走開，不再理那個人？
- 在這個情況下，我能採取什麼正向的做法？

有了勇氣，我們會願意冒險，放下過往的不安全感，願意從新的經驗中成長和受益。這需要承認犯錯的能力，同時又不沉浸在愧疚與自責當中。檢視需要改進的地方，並不會削弱我們的自我價值。我們可以承認自己的問題，而不貶低自己。

　　寫下你先前不想面對，但是現在有勇氣承認、檢視、放下的某個經驗或某段關係。

_____

_____

_____

_____

_____

_____

_____

_____

_____

_____

_____

_____

_____

_____

_____

_____

_____

_____

_____

_____

_____

_____

_____

_____

_____

　　完成後，問問自己，你現在是否明白你其實擁有自由，不必為你自以為犯下的錯辯解。

愛可以依靠能量傳播轉變周遭一切；我們不必做任何事，也不必給它任何名字。愛是可以把所有情況變好的能量。愛是宇宙的終極定律。愛是將阻礙放下後，便能往外散播的能量，不只是一個情緒或念頭，而是一種存在的狀態。愛是我們透過臣服可以變成的模樣。

我們一旦願意給予愛，很快便會發現，我們其實被愛環繞，只是以前不知如何獲取。愛原來無所不在，只是我們需要明白它的存在。

今天一整天，試著在心裡記下愛存在的各種方式。睡前，寫下愛顯現予你的方式，無論它的規模為何。

愛由心生。當我們跟愛著彼此的人同在一個空間裡，我們會吸收那股能量。我們的伴侶、家人、寵物和朋友給予的愛，是神性給我們的愛。因為愛，每一刻才可能發生。被愛的能量磁場包圍，會帶來感恩之情。我們會對自己的生命，和生命中的所有奇蹟充滿感恩。

　　現在，思索你的人生，想想你被賦予的一切。寫下你所感恩的事物，無論這些事看起來多微小或多不重要。

_____

_____

_____

_____

_____

_____

_____

_____

_____

_____

_____

今晚睡覺前，記得感恩自己一整天被愛圍繞。別忘了，每一刻都是因為愛，才可能發生。

每個人其實都有善用
自己當下擁有的一切，
盡了最大的努力。
萬物都正朝著完美
不斷演進。

原諒自己和他人的過去，使過去的怨念癒合，這是有可能的。當我們看見每個人內在的純真，便能真正實現「愛鄰如己」。

要看出令我們心懷不滿的過往事件所潛藏的美好，包括這些事件可能蘊含的因果報應，也是有可能的。來到接納的階層，我們便有可能創造出不同的角度來檢視過去，進而癒合過去。

寫下過去某個你尚未原諒自己的事件或行為。

_____

_____

_____

_____

_____

_____

_____

_____

_____

_____

_____

_____

你是否能夠看見自己的純真，明白自己只是運用當時擁有的認知，已經盡了最大的努力？你能否這樣思考他人的行為？

在接納的狀態中，我們會感覺沒有任何過去應該被改變。這跟無可奈何地接受不一樣。後者伴隨無奈的感受，帶有勉強意味，無法真正承認事實，心底的聲音是：「我不喜歡這樣，但我不得不忍受。」

接納則表示我們放棄抗拒事情的本質，因此，成功實現接納的其中一個徵兆，是心靈的平靜。在接納的狀態中，我們不再掙扎，生命重新展開。我們每個人都可望達到這個意識階層，這讓我們得以擺脫人生大多數的問題，體會到滿足與快樂。在這個階層，愛的源頭被認為是來自我們的內在，從我們的本質往外散發，觸及到他人。我們的關愛會自然地從我們存在的核心出發，向外傳播，因為通往這層覺知的阻礙很多都已經被放下。

我們會發現，關愛是我們的本質。那些偉大智者所說的真正的精髓、真正的大我，指的就是這個。大我的目標是超越小我，也就是所有負面感受、設定與想法的集合體。這樣一來，我們才能夠經歷內在的真實本質。

在接納的狀態中，我們會感受和諧，感覺一切事件都在流動著。我們會覺得沒有任何事物需要改變，一切本來就是完美、美好的。我們對未來感到安心，感覺充滿愛與平靜。我們知道烏雲消散後，陽光會照耀，並發現原來真相一直都是平靜。

現在，停下來花點時間反思這個狀態。靜靜坐著，深呼吸，感受內心的愛與寧靜。提醒自己，每個人其實都善用了自己當下擁有的一切，盡了最大的努力，且萬物都在朝著完美不斷演進。傾聽你的大我，感受它的存在，知道它一直都在引導你，只要你把握機會聆聽。

在接下來這幾頁寫下你的體驗。

臣服這個機制
是用來發掘我們存在的
真正本質。

我們只會受制於
心智無法放下的東西。

漸進地臣服，可以減少個人的「壓力傾向」，這跟我們累積了多少壓抑和克制了多少情感有關聯。習得並實行此技巧的人，較少受到壓力相關問題和疾病的影響。他們會注意到，自己的生理健康與活力逐漸改善。

很遺憾，大多數人的內在經驗都是持續的混亂，而這大部分源自心理因素。換句話說，我們擁有的主要壓力不是來自外在刺激，而是受抑制的情感所造成的壓迫。這些情感變成主要壓力源，因此即使處在平靜的外在環境中，我們仍受制於長時間的內在衝突感。我們越練習臣服，放下越多情感壓力，就越不會受到壓力反應或壓力相關疾病的侵擾。

我們因為內心放不下的東西，創造出充滿壓力的反應。被壓抑的情緒決定了我們的信念體系，在這個世界創造各種事件和意外，但我們卻反過來責怪事件讓我們產生某些反應。

意識若沒有改變，心理壓力就不會真正減少。想法之所以強大，是因為其振動的速度很快。想法其實是有形的事物，具有能量模式。我們賦予它越多能量，它便有越多力量實際顯露出來。有意識地運用臣服機制，可以有效治療與壓力相關的慢性疾病。改變我們身體的方法，就是改變我們的想法和感受。

身體順從心智，因此傾向有意識或無意識地顯露心智所相信的事物。任何能支配我們的力量或能量，都源自我們賦予它的信念。

回答這些問題：

- 我的壓力傾向是什麼？
- 我現在有感覺到壓力嗎？
- 外在壓力因子對我的感受有什麼影響？
- 有哪些主要的內在感受和想法，造就了這個充滿壓力的狀態？

_____

_____

_____

_____

_____

_____

_____

_____

_____

_____

在一天之中不斷深呼吸，向造成這個壓力狀態的內在感受臣服，並且努力提醒自己，愛會刺激腦內啡和生命能量，如果人生充滿壓力，它是最佳良藥。

一天結束後，檢視你的經驗。你是否注意到任何改變？

我們有多容易接受負面信念，端看我們累積了多少負面能量。正面的心智會拒絕接受負面思想，認為那些不適用於這個人而加以排斥。

要確定你自己的疾病傾向，可回答以下問題：

- 我擔心自己的健康嗎？
- 我相信環境和食物充滿潛在的危害嗎？
- 我是否累積了很多愧疚和／或憤怒的情緒？
- 我是否很愛評斷他人或記仇？

記錄下來，然後，練習放下。

接下來，列出你對病痛、疾患、過敏、老化等事物的負面想法和恐懼，質疑它們是否為真，練習放下每一個負面想法和恐懼。

_____

_____

_____

_____

_____

_____

_____

_____

_____

_____

_____

_____

_____

壓抑感受會消耗能量。放下這些感受後，一直以來用來壓抑負面思想的能量，便可以發揮具有建設性的用途。放下之後，結果是用在創意、成長、工作和人際關係上的能量增加了。放下負面感受最明顯可見的效果，就是情感和心理方面恢復成長，原本困擾的問題也獲得解決，而這些效果通常是持久的。

臣服機制在解決問題方面的成效頗為驚人。我們通常在極短時間內，便會感覺高階的腦部運作能自動完成、輕鬆實踐，人人都做得到。

理解其中的原理非常重要，因為它跟這個世界常用的方法很不一樣。能夠帶來快速簡單成果的方法就是：不要試著找答案，要放下你對這個問題的感受。當我們放下問題背後的感受，就能放下有可能引發其他負面事件的感受。等到終於完全放下感受，答案便會出現。我們不用去尋找它。

相較於心智在解決問題時慣用的漫長、拖延、低效率的方法，這真的很簡單。通常，心智會無止境地尋覓和挑揀，一下子思考這個可能的答案，一下子思考另一個。心智無法做出決定，是因為它找錯地方了。

消除阻礙之後，我們會開始體會到其強大的效應，人生開始累積成就感和滿足感，一切愉快順利。

現在就試試看。首先，描述一個你想在其中取得成功，卻感覺不自在、沒有自信的興趣或活動。例如：我想寫一本書，可是……

接下來，回答這些問題：

- 阻止我做這件事的阻礙有哪些？
- 哪些情緒，令我不想嘗試這件事？
- 哪些信念，令我無法透過這個興趣或活動表達自己？
- 針對這件事，我對自己說了什麼負面的話？

_____

_____

_____

_____

_____

_____

_____

_____

_____

_____

_____

檢視你寫下的東西，接下來幾天花點時間，運用臣服技巧努力放下這些阻礙。如有需要，請回來更新這幾頁的內容。

臣服機制令人訝異的一項成效，是巨大的改變可能很快就發生。養成一輩子的模式有可能突然消失，長久壓抑的情感可能在短短幾分鐘、幾小時或幾天內放下。豐沛的活力會伴隨快速的改變而來。放下負面能量所釋放的生命能量，將得以流入正面的思維、念頭和感受，個人力量則會增加。

移除負面的阻礙和「我不能」的想法之後，生命便有許多全新的領域向我們敞開。從事自己最喜歡的活動才能帶來成功，但大部分的人卻被自以為必須要做的事所束縛。消除這些侷限後，創意和表達的全新管道便會打開。運用臣服技巧的人很常會突然變得有成就、物質寬裕。

舉個例子，一個年輕女子天生具有音樂天賦，但她大部分的時間都在做一份無聊的工作，為了金錢而為五斗米折腰。她真正喜歡做的事情，是一個人在家演奏樂器。由於缺乏自信，她很少在他人面前演奏，就連在親近的好友面前也是。而當她練習臣服，放下自己的內在侷限之後，她的能力和信心

快速增長。她開始在有人潮聚集的公開場合演奏。人們非常讚賞她的天分，於是她開啟了忙碌的音樂人職涯。她錄製專業唱片，取得不小的成功。她把工作改為兼職，投入更多時間與精力，這為她帶來莫大喜悅和滿足。雖然她以前對商業一竅不通，如今她開啟自己的音樂事業，不久後便在歐美地區銷售唱片。她很開心地發現，做自己最喜歡的事竟然會如此成功。每個人都看出她的活力和幸福指數增加了。她人生中的其他領域也跟著有所成就。

當我們放下負面能量，就可以獲得自己的力量。這是自然而然發生的。快樂一直都在那裡。當我們放下阻擋它的障礙，它就會散發光芒。我們可以為我們接觸到的每一個人，帶來好的影響。

在接下來這幾頁，寫下你因為臣服而得以實現的表達領域，無論它看起來多渺小或微不足道。描述你對這個全新表達方式的正面感受，接著恭喜自己達成的一切！

負面能量消失後，
動態力量被釋放，
因此，原本不可能的夢想，
現在變成已落實的目標。

臣服的目標，
是要消除你一切痛苦
與折磨的根源。

以更高階的感受取代負面感受，可以讓我們在一生中經歷許多奇蹟。當我們持續放下，奇蹟就會越常發生。只要我們不斷臣服，人生便會越來越輕鬆。快樂和愉悅會一直增加，且不需要透過外在世界就能體會到。我們對他人的需求和期許也會減少，不再「向外」尋找我們現在知道其實是來自內心的東西。我們會放下「快樂必須向外索取」的錯覺。我們不再想從他人身上得到什麼，而是想要給予。他人現在不再逃避我們，而是想要跟我們在一起。

到頭來，所有負面感受都是來自同一個源頭。放下夠多的負面感受之後，那個源頭就會自己顯現出來。當我們放下那個源頭，不再把自己跟它畫上等號，小我便會消散。由此，痛苦的源頭喪失了力量根基。

持續練習臣服，負面能量與情緒終究有完全消失的一天。一個情緒背後的壓力被放下，那個情緒就不會再發生。例如，持續放下恐懼一段時間，恐懼這個感受最後就會被釋放殆盡，很難或幾乎不可能再感受到更多恐懼。如此，要引起恐懼就需要越來越大的刺激。到最後，一個人因為放下太多恐懼，他甚至必須努力尋找，才找得到這種感受。這是因為恐懼的能量已經不見了。憤怒也會逐漸消失，就連最嚴重的激怒行為，也無法引起憤怒。一個幾乎沒有恐懼和憤怒的人，任何時候主要感受到的都會是愛。他會欣然接受生命中的人事物與無常。

臣服的目標，是超脫。

現在，我們來看看臣服機制會對人們最關心的生活層面產生哪些影響。首先是健康。

　　一般人非常在意身體的機能、表現、樣貌和存亡，心智總是會充斥著對不適、痛苦、疾病和死亡的擔憂與恐懼，因此會用各式各樣的方式保衛身體。在這所有的擔憂背後，其實蘊藏一個潛意識的想法：「我是一個身體。」我們可以想想，像這樣持續過度關注身體會榨乾多少能量。

　　有一件事會越來越明顯，那就是身體根本沒有感受到自己。相反地，是心智感受到身體。沒有心智，身體根本無法被察覺。手臂無法感受自己是手臂，只有心智能夠感受到手臂是手臂。當然，這就是麻醉的基本原理。心智睡著時，身體不會有感知。我們會慢慢領悟，其實身體本身沒有任何感知能力，唯有心智能夠發揮這個功能。

　　這是非常重要的意識轉換，因為我們關注的重點不再是保衛身體。現在，焦點轉移到更強大的力量所在——心智。當我們轉移自己的思想、感受和認知，會發現身體也隨之跟進。

　　當我們開始放下恐懼，打破信念體系，重新認知真正的大我是無限的、不受制於任何限制，那我們便會移往更高階的健康、幸福與生命能量狀態。在這種完全臣服的狀態下，身體幾乎不會被察覺。我們會將認知從「我是一個身體」，轉換為「我有一個身體」。

　　有一個很有效的練習，那就是開始對自己說這句話：「我是一個無限的存在，不受制於＿＿＿＿。」你可以在空格填入你認為對你「有害」的疾病或物質。可以用先前令你擔心的某個健康問題，來嘗試這個練習。

心智抱持著充滿侷限性的信念體系，以及負面思想和感受。因此，對心智而言，金錢是個「問題」，這讓我們感覺到財務充滿限制、缺失與匱乏。

潛意識會把它認為我們值得擁有的東西帶給我們。假如我們認為自己渺小、有限、吝嗇，潛意識就會把這些經濟狀況帶進我們的人生。檢視金錢代表的眾多事物，便能發現你對金錢的態度是什麼。坐下來，有意識地敘述金錢的意義，是非常有益的。

進行這個練習時，你會很驚訝，發現金錢本身不是最根本的問題。比金錢更重要的，其實是我們希望運用金錢得到的情感滿足。

假設我們發現，自己對金錢的渴望，其實是為了被尊敬和看重，那麼我們就知道自己感興趣的東西不是金錢本身，而是自我尊敬和內在價值的感受。我們會明白，金錢只是達成另一件事的工具；我們想要的其實根本不是錢，而是我們認為金錢可以帶來的自尊和尊嚴。我們也會領悟到，我們認為

金錢可以實現的目標，其實可以不透過金錢就直接達成。我們內在對自己的敬意越高，就越不需要他人的認可。當我們有了這些體會，金錢在人生的各個層面便擁有不同的意義。這樣一來，金錢變成實現崇高目標的手段，而非你想達到的目標本身。

如果沒有意識到金錢對我們有什麼情感意義，我們便會允許潛意識對金錢的信念控制自己。這就好比一個千萬富翁不斷累積更多千萬，卻永遠都覺得不夠。為什麼會這樣？因為他從來沒有停下來，檢視金錢對他的真正意義。如果我們會盲目追逐金錢或其他財富象徵，那是因為我們的內在自我價值過於渺小，感覺需要龐大的金錢才能填補。內在的不安全感實在太大，多少金錢都無法克服。

在接下來幾頁，檢視你對這個主題的感受。在最上面寫下「金錢」這個標題，記錄金錢在生活中各個層面對你的真實意義，接著描述跟這些領域相關的感受。完成後，開始放下每一個負面感受和心態。

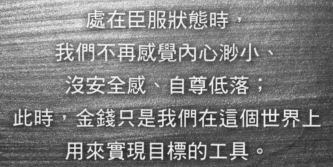

處在臣服狀態時，
我們不再感覺內心渺小、
沒安全感、自尊低落；
此時，金錢只是我們在這個世界上
用來實現目標的工具。

負面的想法、感受
和心態被放下後，
我們便能重新擁有
自己對外界交出的力量。

這個世界吸引人的地方，很多都是我們投射給它的光鮮亮麗。自問以下這些問題：

- 我想要的真的是那些錢，還是我賦予那些錢的光鮮外表？
- 我想要從那份職稱或「博士」等頭銜中，得到什麼？
- 我是想要得到那份職稱或稱呼所涉及的職責和事務，還是跟它有關的光鮮亮麗和尊敬？
- 我是真的愛這個人，還是愛上自己投射給他的光鮮外表？

我們放下越多，就越能褪下事物的光鮮外表。當事物被褪下的表象越多，我們就越能不被它操控。我們不再受到媒體、政治和社會操縱者洗腦。得到他人認可的內在需求，不再對我們起作用。

　　我們開始愛一個人的本質，不再是因為對方能為我們做什麼而愛他。我們不再需要利用他人，或努力贏得他人的讚賞。愧疚減少後，我們的自尊就會增加。人際關係是建立在誠信之上，在更高的層次存在和運作，因此，我們不再害怕疏離或感到孤獨。完成臣服者，不再是為了滿足自己才需要他人，而是出於愛和愉悅，選擇跟他人在一起。對他人和其人性特質所擁有的同情心，改變了生命和所有人際關係。

在關係中促進滿足感的方法，就是充滿愛地去想像最好的結果，並確保這對雙方都有益，是雙贏的局面。放下所有負面情緒，單純在心中想像。如果我們產生負面情緒，最好的做法是記得這些情緒不是我們內在的高我。這些都是身為人類的我們繼承而來的習得設定。沒有人可以避免。每一個人都擁有小我，就連少數獲得啟蒙的那些人也曾經有過小我，後來才終於超越它。這是身為人類必會存在的狀況。我們要能夠誠實觀察自己的感受，必須採取不帶成見的態度。

當我們覺得有或沒有都沒關係，那就表示我們已經真正臣服。事情發生了，我們接受；事情沒發生，我們也接受。因此，臣服不是被動，而是以正向的方式主動。

當我們放下了，時間的壓力便不再存在。我們會感覺挫折，是因為現在就想得到某件事物，不願讓它自然發生。放下，就會自動帶來耐心。我們都知道跟有耐心的人相處是多麼容易。仔細觀察，有耐心的人通常都能得到他們想要的。

寫下你在這方面的相關經驗。

_____

_____

_____

_____

_____

_____

快樂是可以直接感受的，不用仰賴健康或財富。然而，由於負面的感受、想法和心態，還有他人持續不斷的評論與批判，我們常常覺得自己跟別人有隔閡。因為這種內在的孤獨和隔閡感，我們對於人際關係採取依戀的形式。只要有任何東西威脅到這些依戀，我們便產生各種恐懼、憤怒和妒忌。這讓我們感覺弱小受限。我們也會將自己內在的想法和感覺投射到這個世界，讓這個世界看起來是個可怕的地方，並因為我們在心中緊緊抓著這些恐懼，而將可怕的事件帶入我們的生命經驗。

因為內心的混亂，一般人出於必要，必須隨時透過電視、廣播、電子郵件、訊息、播客節目、網站、大小企劃、工作、電話、閱讀、各種赴約、差事、社交活動、毒品、酒精等方式，來保持無意識狀態，好讓自己不去聽到內心的各種聲音。為了避免面對內心的空虛，我們通常什麼都願意做。我要強調，這些活動本身沒有不好；在內心自由的狀態下，同樣的事件和經驗，會產生完全不一樣的意義。同樣的活動也可以源自內在的快樂、自我價值和完整感。

寫下你一整天為了保持無意識所做的每一件事。例如：「我看電視以逃避責任或放空」，或者「我聽音樂以蓋過內心的雜音」。接著，檢視你做這些活動時的意識狀態、覺知狀態，以及這些活動是如何被體驗。

另一條意識定律是：我們的情緒和念頭，不管有沒有說出口或表達出來，永遠都會影響別人，也會影響我們的人際關係。從我們自身的經驗，就能明白這個道理。例如，我們通常會知道某人是不是在生我們的氣，就算對方什麼也沒說。我們還是能察覺他們的感受，可能會問：「怎麼了嗎？」即使他們回答「沒什麼。」我們還是會意識到憤怒或不滿的能量。

大部分的人從小就覺得自己的念頭和情緒是私人事務，與他人無關，並認為所有心智都是獨立分開的，情緒只發生在肉身範圍之內。如果我們深入探討這個議題，會發現自己對另一個人所抱持的感覺，往往會被他的態度反射回來。而當我們改變自己內心對他的看法，他的態度也會突然改變。我們其實隨時都在不知情的情況下影響他人，原因來自我們對他們抱持的感受。

只要細心觀察，就能清楚看出，負面情緒會像迴力鏢一樣反射回來，深深影響我們的人際關係。另一方只不過是在反映我們投射的情緒。內在感受消除後，我們看待情況的方式會改變。我們往往會驚覺，寬恕的感覺突然出現了。我們的關係也轉變了，儘管表面上我們沒有做或說任何事來表達內在的變化。

現在就試試這個練習。回想你對生命中的哪一個人抱持不友善的態度，寫下你對他的負面感受。這是你的日記，所以請誠實表達你此時此刻對這個人的所有感覺，並說明原因。

_____

_____

_____

_____

_____

當你感覺所有負面感受都被寫下來並釋放（至少在紙上是如此），檢視自己的內心，覺察是否有任何更高層次的感受，像是平靜、祥和、寬恕或接納。

放下你對他的負面感受之後，回來記錄你跟這個人之間的關係是否發生任何轉變。

_____

_____

_____

_____

_____

_____

_____

_____

_____

_____

_____

_____

_____

我們得先察覺到自己的內在究竟發生了什麼事，才能去處理它。當我們放下一個感受，它就會被更高階的感受所取代。辨識、承認一個感受的唯一目的，就是要讓它消失。臣服的意思，是我們願意允許自己經歷、但不改變一個感受，進而讓它自然消散。反抗，就是感受一直存在的原因。因此，假如我們難以消除一個感受，單純地檢視它，將會有所幫助。

　　寫下一句話，表達你難以釋懷的某種感受，例如：（某某人）不公平地對待我，令我對她很不滿。

接著，回答這些問題：

- 這個感受的目的是什麼？
- 它對那個人應該要發揮什麼效果？
- 對方可能會有什麼反應？
- 那真的是我想要的嗎？

_____

_____

_____

_____

_____

_____

_____

_____

_____

_____

_____

_____

　　接著，思考這個問題：假如今天是你生命的最後一天，這真的是你想要的嗎？今天確實是你生命的最後一天——過去那充滿衝突、焦慮與恐懼的人生，是你緊抓著過去不放的代價。

　　當你放下過去內化的一切設定，以及它所帶來的負面壓抑感受，這些感受會自動被高階的感受給取代。你會變得更快樂、更輕鬆，你身邊的人也是一樣。

接著，我們來探討事業這個主題。我們的思想，會決定自己的天賦和能力可以實現到什麼程度，並確立我們事業的規模。然而，其實是我們的感受在決定和催生這些讓我們成功或失敗的念頭。感受是擴張天賦、能力與行動的關鍵。

　　負面感受一定會令人不開心，反應從輕微不舒服到痛苦都有可能。壓抑這些感受並不會使它們消失，反而會讓它以負面念頭的形式重現。一個狀況或事件本身不存在負面能量；負面能量源自我們對一個狀況做出的反應。如果我們承認並放下負面感受，情況可能快速轉變，從什麼都不可能，變得容易管控、運作，甚至發揮不小的用途。一旦我們辨識出負面感受，便可以清楚看見這些感受其實對我們很不利，會榨乾我們的努力，阻止我們在這個世界獲得成功。

　　檢視你的工作處境，寫下你現在可能正在經歷的任何負面感受，諸如憤怒、哀痛、焦慮、妒忌、自我懷疑、渴望認同、疲憊等。

_____

_____

_____

_____

_____

_____

_____

在職場上，許多人認為自己應該要壓抑不滿的情緒，但是這麼做無法解決問題，只會讓緊張的局面惡化。你可以使用臣服技巧，探索自己的內心，在負面感受浮現時加以承認。讓這些感受浮現，不要壓抑，也不要去宣洩它們。接著，把注意力從這些感受轉移到其他事物。就讓這些感受在那裡，然後放它們走。

向一個看似不可能解決的局面臣服，很快就會變成正面的經驗。我可以舉一個例子：有一個人在藝廊工作，但是最近生意不好，她已經好幾個星期沒有賣出任何作品。她在自己身上試了幾個正面思考的技巧，非常努力實踐，卻沒有任何成效。她的挫敗感越來越大，還出現一種「我做不到」的感受。

最後，絕望的她索性完全放下隱忍的感受。她的內心突然感覺，自己再也不需要那麼努力、嘗試和苦幹。她內在的緊繃消失了，隔天早上到藝廊工作時，心中感覺平靜無比。上班不到一小時，她便賣出同一件雕塑作品的兩件複製品（有趣的是，這個作品的名稱就是《放下》）。

記住，負面感受一旦停止活動，喜悅、快樂和安心等正面感受會油然而生。我們不必做任何事，就能得到正面感受，因為它們就是我們最自然最原初的狀態。這種正面的內在狀態一直都在，只是受到被壓抑著的負面感受所掩蓋。當負面層面被放下了，正面的意識狀態會接著出現，能力、創意、天賦和才思便會自動湧現出來。

　　寫下你對自己的工作抱持什麼樣的正面感受。你是否能看出，這些感受對你的生產力和能力有多大的貢獻？

_____

_____

_____

_____

_____

_____

_____

_____

_____

_____

當你把臣服技巧應用在人生的各個層面，靈性必定會越來越提升。無論發生什麼事，你都會變得很專注、有耐心，去達成一個又一個人生目標。

　　要在靈性上持續提升，你要願意在事物出現時放下它們，放下想控制一切的感覺，放下想要改變一切、讓事物按照我們所想進行的感覺。此外，我們也很常需要放下幻覺，去看見萬事萬物的本質。事情會有「好」、有「壞」，會有理想和不理想的，這些分類其實都只存在於我們的心智。這世上，有時候太陽高掛，接著卻又烏雲滿布；有時候會下雨，草長出來後又凋亡；股市漲漲跌跌；時代不斷更迭；人們來了又走。簡言之，凡事都有潮起潮落。假如你正在一個循環的某一個點，沒有必要為此哭泣，因為最終你會經歷整個循環。向你循環到的任何一個點臣服。這個點最終會消失。選擇與它同在，不要想著加以改變，你便能使它消失。無論發生什麼事都持續做到這點，不要停止。

　　最終，阻擋「存在本質」的一切都會被臣服。它是如此顯而易見，令人震驚、難以招架，你絕對不會有所懷疑。它既深刻、絕對、全面、勢不可擋，又無比正確。當一切的阻礙都被放下後，「它」就在那裡散發耀眼的光芒。

　　不要把這視為未來才會得到的東西；你現在就可以擁有它。你之所以沒有經歷這種完全平靜與無時間感的狀態，是因為你在抗拒它。而你之所以抗拒它，是因為你想控制當下。如果你能放下想要控制當下經歷的感覺，如果你能把它當作一段聽過即過的旋律，持續向它臣服，那麼你就能活在這永恆狀態的至高點。

　　在接下來這幾頁寫下你目前的進展。定期記錄進步的地方，你就能具體知道自己走了多遠。

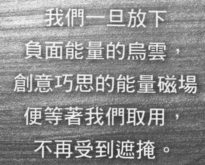

我們一旦放下
負面能量的烏雲，
創意巧思的能量磁場
便等著我們取用，
不再受到遮掩。

啟蒙不是未來才會發生的事情，
不是盤腿坐著誦念「ॐ（om）」
五十年後才會出現。
啟蒙，存在於此時此刻。

我們即將進入總結，別忘了，想要更頻繁持續應用臣服機制，第一個祕訣就是你要希望自己能這麼做。這是第一步。「想要消除負面情緒」的意願，必須大於「想要維持負面情緒」的意願。有時，你只是忘了這一點。你可以使用一些提示卡，來讓自己記得。下面列出一些其他建議：

1. **建立固定程序**。你可以在一天開始之時，放下你對各種期望的想法和感受，想像你希望這一天怎麼推展，並放下可能讓這一天無法如此推展的負面想法。接著，在一天結束之前坐下來，放下一天之中被你忽略，或你沒時間關注的任何東西。這個方式稱作「清理」。大部分的人在做這件事之後，會發現他們睡得更好。

2. **另外使用一個筆記本記錄你的成就，作為這本筆記的補充**。你可以寫下持續臣服的目標，之後將成果記下來。

3. **放下對於臣服的抗拒，每天開始之時，重申自己要在那天放下所有負面能量的意圖**。你也可以重申，你有不一定要臣服的自由，畢竟這完全是個人選擇。你要放下任何對於臣服的強迫感受；臣服沒有什麼「應不應該」。

我們容易誤以為，若牢牢抓著一個感受，它就可以帶來我們想要的東西。因此，當你發現自己正困在一個感受裡，其實可以試著回答，我們牢牢抓著這個感受，是否認為自己真有獲得什麼。我們會發現，我們以為這種感受可以影響某人，改變他對我們的行為或態度，這只是一種幻想。放下這種幻想，我們就會願意放下這個感受。

允許所有的抗拒感浮現，接受它們，然後放下。確立自己想要變成更快樂、更關愛的祥和之人的這個意圖，你就會走上啟蒙的道路，徹徹底底，移除內心的阻礙。

筆記重點回顧

　　最後的最後，我在下面列出《臣服筆記》這本書的重點。請閱讀這份清單，挑出真正引起你共鳴的內容。記錄你已經針對它們進行了哪些體驗，同時，寫下你想要更深入了解的東西。

- 要放下一個感受，我們得允許它存在，不加以譴責、評斷或抗拒。我們只須檢視它、觀察它、讓它被我們感受，不要試著修改它。只要願意放棄這個感受，時間到了它就會耗盡並消散。

- 念頭，是由受到壓抑與克制的感受所引起。放下一個感受之後，被這個感受激發的上千、甚至上百萬個念頭便會消失。

- 強烈的感受有可能反覆出現，這表示這個感受非常需要我們去承認和放下它。

- 為了消除一個感受，有時我們必須承認並放下其蘊含的好處。例如，憤怒這個感受帶來的「刺激」，或是作為無助的受害者所能得到的「令人感動」的幫助。

- 感受不是真正的自我。感受是會來來去去的既有設定，而真正的內在大我則永遠保持一致。因此，我們不能再將這些暫時的感受跟自我畫上等號。

- 無論人生發生什麼事，我們都要持續不斷，讓自己有意願去放下負面感受。

- 下定決心，告訴自己：自由比負面感受更美好。

- 選擇放下負面感受，而非表達負面感受。

- 留意自己在放下後，內在出現整體變得更加輕盈的細微感受。

- 放下負面感受，分享正面感受。

- 放下渴望，並不表示你得不到想要的東西，你只是清除了這件事成功路上的阻礙。

- 物以類聚。盡量讓自己多和有意願提升自己、療癒自我的人往來。

- 要知道，你的內在狀態是可以被他人知曉、會傳遞給他人的。即使你沒說出自己的感受和想法，周遭的人也能感覺到。

- 堅持不懈會有回報。有些症狀或疾病可能很快就會消失，但是有些狀況如果已成了痼疾，則可能要花好幾個月或好幾年才會消失。要懷抱信心。

- 放下對臣服技巧的抗拒心理。在一天開始之時運用臣服技巧，並在一天結束之時，花點時間放下一整天所做的活動殘留的任何負面感受。

- 你只會受制於心智無法放下的東西。只有在你有意識或無意識地表示「某個負面想法適用於你」，你才會受它所制。

- 不要替感受上標籤或取名字，要單純去感受它們，放下其蘊含的能量。我們不必把一個感受加上「恐懼」的標籤，也能察覺並放下它的能量。

意識地圖

神性觀點	生命觀點	等級	對數	情緒	過程
大我	如是	開悟	700-1000	妙不可言	純粹意識
一切存在	完美	平和	600	極樂	覺照光明
一體	完整	喜悅	540	寧靜	易容顯光
愛	仁慈的	愛	500	崇敬	天啟
有智慧的	有意義的	理性	400	理解	抽象
仁慈的	和諧的	接納	350	寬恕	超越
啟發性的	有希望的	意願	310	樂觀	意圖
賦能的	滿足的	中立	250	信任	釋放
允許的	可行的	勇氣	200	肯定	賦能
冷漠的	苛求的	驕傲	175	輕蔑	自誇
想報復的	對立的	憤怒	150	仇恨	侵略
拒絕的	失望的	欲望	125	渴求	奴役
懲罰的	驚駭的	恐懼	100	焦慮	退縮
輕蔑的	悲劇的	悲傷	75	懊悔	消沉
譴責的	無望的	冷漠	50	絕望	上癮
懷恨的	邪惡的	愧疚	30	指責	破壞
鄙視的	悲慘的	羞恥	20	恥辱	消滅

©The Institute for Spiritual Research, Inc. dba Veritas Publishing
This chart cannot be reproduced. It is trademarked and copyrighted.

國家圖書館出版品預行編目 (CIP) 資料

臣服筆記：意識能量權威霍金斯博士 55 道引導
成功幸福的書寫練習題 / 大衛 . 霍金斯（David R.
Hawkins）著；羅亞琪譯 . -- 臺北市：三采文化股份
有限公司 , 2024.07
　面； 公分 . -- (Spirit 身心靈；41)
譯自：The Letting Go Guided Journal：How to
Remove Your Inner Blocks to Happiness, Love,
and Success
ISBN 978-626-358-429-7(平裝)

1.CST: 生活指導 2.CST: 自我實現

177.2　　　　　　　　　　　113008103

◎封面圖片提供：
iStock.com / Ekaterina Ptushko

suncolor 三采文化

Spirit 身心靈 41

臣服筆記
意識能量權威霍金斯博士 55 道引導成功幸福的書寫練習題

作者｜大衛・霍金斯（David R. Hawkins）　　翻譯｜羅亞琪
編輯三部 副總編輯｜喬郁珊　　責任編輯｜吳佳錡　　協力編輯｜高嘉偉
美術主編｜藍秀婷　　書封設計｜方曉君　　內頁編排｜菩薩蠻電腦科技有限公司
版權副理｜杜曉涵

發行人｜張輝明　　總編輯長｜曾雅青　　發行所｜三采文化股份有限公司
地址｜ 台北市內湖區瑞光路 513 巷 33 號 8 樓
傳訊｜ TEL:(02) 8797-1234　FAX:(02) 8797-1688　網址｜ www.suncolor.com.tw
郵政劃撥｜帳號：14319060　　戶名：三采文化股份有限公司
本版發行｜ 2024 年 7 月 28 日　　定價｜ NT$350

The WORK: THE LETTING GO GUIDED JOURNAL – How to Remove Your Inner Blocks to Happiness,
Love, and Success By David R. Hawkins
Copyright © 2022 by the David and Susan Hawkins Revocable Trust
Original English language publication 2022 by Hay House, Inc., California, USA
Complex Chinese edition © 2024 by Sun Color Culture Co., Ltd.
All rights reserved.

著作權所有，本圖文非經同意不得轉載。如發現書頁有裝訂錯誤或污損事情，請寄至本公司調換。 All rights reserved.
本書所刊載之商品文字或圖片僅為說明輔助之用，非做為商標之使用，原商品商標之智慧財產權為原權利人所有。